Couvertures supérieure et inférieure manquantes

GUIDE DE L'ÉTRANGER

A LA FONTAINE DE VAUCLUSE.

DEUX AMANTS CÉLÈBRES

PAR

THÉODORE PIERRE.

VAUCLUSE

ÉDITEURS-PROPRIÉTAIRES, Vve SAUVAN ET FILS.

1869

I.

Un beau panorama — D'Avignon à Vaucluse.

La route qui amène le plus d'étrangers à Vaucluse est certainement celle d'Avignon à l'Isle ; et de ce pays la route départementale n° 10 se dirige jusqu'à la fontaine ; seulement celle-ci s'embranche sur la route de Carpentras à un kilom. de l'Isle.

Le voyageur qui arrive à Avignon peut fort bien avant de se mettre en voiture pour Vaucluse, vouloir jouir du superbe panorama qu'offre cette ville.

Pris sur les hauteurs du rocher de Notre-Dame des Doms, c'est un des plus beaux points de vue de la France ; à l'Occident le Rhône coule à vos pieds, majestueux, et parfois terrible, enlaçant de deux bras vigoureux l'île de la Barthelasse, véritable oasis de verdure et de fraîcheur, que parfois il dévaste et inonde jusqu'au faîte des maisons. Du côté du Nord la vue se prolonge jusqu'aux montagnes de la Drôme. Une riche et fertile plaine qu'arrosent deux torrents impétueux, l'Ouvèze et Aigues, et une innombrable quantité de petits ruisseaux font de cette partie du département le coin le plus pittoresque et le plus varié.

Au sud dans d'épais fourrés de verdure, vous apparaît, comme point de démarcation, une grande ligne blanche qui va de l'Est à l'Ouest : c'est la Durance, fameuse rivière, roulant ses eaux bourbeuses en frémissant, sur ses rives souvent trop frêles pour résister à son courant.

Mais le point qui captive le plus le voyageur, c'est celui qui indique la fontaine de Vaucluse. C'est au levant, sur une ligne presque à angle droit du plateau du rocher des Doms que l'on distingue un vallon resserré entre de petites collines verdoyantes, lesquelles font suite à cette longue chaîne de montagnes qui, longeant le Mont-Ventoux, vont se perdre dans la vallée du Luberon.

C'est dans ce vallon que le cicérone va vous conduire et vous en faire connaître toutes les curiosités : c'est là qu'est Vaucluse et sa source célèbre ; c'est dans ce lieu aussi que Pétrarque a connu et aimé la belle Laure.

Mettons-nous en route, ou plutôt ne descendons pas sans aller saluer l'image d'Althen, véritable bienfaiteur de ces contrées, l'introducteur et le promoteur de la garance dans le département.

On peut aussi, puisque c'est sur le passage, visiter cette imposante cathédrale et cet ancien Palais, véritable forteresse du moyen-âge, qui servit de résidence aux Papes qui siégèrent à Avignon.

L'Eglise est vaste et renferme de beaux tableaux, ainsi que les tombes de souverains Pontifes.

Hâtons-nous maintenant, et arrivons à Vaucluse. Le premier pays que traverse la route en quittant Avignon est Morières, le 2me Gadagne, puis vient le Thor et l'Isle. Par la voie ferrée le trajet comprend d'autres localités, telles que : Montfavet, Montdevergue, St-Saturnin, etc., tous pays riches en bons terrains, plantés de vignobles et renfermant une quantité d'usines et fabriques de garance, soieries, laines, papeteries, minoteries, etc., etc. ; le tout mis en mouvement par les eaux de Vaucluse.

L'Isle a une fort belle église : elle est chef-lieu de canton; à partir de cette ville, la rivière se divise en plusieurs branches qui toutes portent le nom de Sorgues, et suivent des directions diverses, pour aller se jeter, après s'être réunies près de Bédarrides, dans le Rhône qui reçoit aussi la petite branche qui passe à Avignon.

Partout sur son passage cette rivière est la bienfaitrice de l'ouvrier et la gloire des maîtres : l'industrie Vauclusienne lui doit sa principale richesse et ses eaux excellentes vers la source sont encore bonnes et assez potables aux abords de son embouchure.

En quittant la halte de l'Isle nous suivons pendant un kilomètre la route de Carpentras; ensuite au levant se dirige la route départementale n° 10, celle qui va nous conduire directement à Vaucluse. Elle a l'inclinaison de la rivière, c'est-à-dire que depuis sa naissance la route monte sensiblement jusqu'au niveau de la source : on compte dans ce trajet sept kilom. La rivière disparait d'abord et reparait à 2 kilom. en dessous du village. Dès lors on ne la quitte plus ; elle est le meilleur guide pour arriver à la fontaine.

Les abords de Vaucluse sont très-agrestes ; le vallon, très-étroit aux confins de la plaine, s'élargit sensiblement en spyrale à mesure que l'on avance vers le pays, qui ne s'aperçoit guère qu'à cinq cents mètres de distance. Il se trouve même qu'à un endroit, c'est à peine si la rivière a pu trouver passage. On a du saper les bords de la colline pour avoir l'espace qui convient à une route.

Au point que je cite s'élève aujourd'hui un bel aqueduc, donnant passage aux eaux du canal de Carpentras.

A cinq minutes de là on aperçoit le château de la Beaume, bâti sous la cavité d'un énorme rocher, d'où son nom du patois *Beoumo*. On remarque dans ses salons quelques peintures de mérite. Ses vergers fournissent une huile renommée, et d'excellentes truffes se récoltent dans ses taillis.

II.

L'arrivée à Vaucluse — La source célèbre — La sorgue souterraine — Sa naissance présumée — Les cascades.

Nous voici enfin arrivés à Vaucluse, qui tire son nom de sa position. Entouré de collines et placé au fond d'un étroit bassin, ce pays avait été appelé, avec juste raison, *Vallis clausa*, — Vallée clause — et par abréviation — Vaucluse.

Soit que le voyageur veuille descendre à l'hôtel Pétrarque et Laure, soit qu'il veuille se rafraichir un instant à l'ombre d'un gigantesque et magnifique platane, il sera partout accueilli avec amabilité et courtoisie. On y sert en mets variés et exquis les différents poissons de la rivière : l'huile, les truffes et les poissons de Vaucluse ont acquis trop de renommée pour que l'on ne veuille point en savourer le goût. D'ailleurs, on dîne dans cet hôtel à des prix modérés ; on y trouve tous les vins fins et un vin de pays qui rivalise avec celui de la Nerte.

Le dîner commandé, dirigeons-nous vers la fontaine ; c'est par un chemin étroit et pierreux que nous y arriverons, ayant à droite la Sorgue ; et à gauche, en-dessus de nous, des rochers élevés. La première chose qui captive la vue du voyageur, c'est cette masse d'eau qui bondit en cascades de rocher en rocher, avant de s'enfermer dans son lit verdoyant. Dès lors on n'a qu'un désir : arriver le plutôt possible au terme du voyage ; voir enfin cette source fameuse tant célébrée par Pétrarque.

On ne s'aperçoit presque pas des beautés naturelles qui bordent le sentier ; on n'écoute nullement la voix amoureuse d'Écho qui répète languissamment les sonnets que le poète composa jadis pour sa belle amante ; on n'entend même point les chants harmonieux des nymphes de la rivière, qui, mêlant leurs accents au bruyant murmure des eaux, en font un hymne perpétuel en l'honneur de l'Être suprême. L'œil avide cherche ce gouffre béant, berceau de la Sorgue ; après dix minutes de marche il plonge enfin dans ses délices. Un rocher, surplombant à pic et d'une hauteur de près de 500 mètres, loge dans ses flancs la superbe déesse et toutes ses naïades : ses eaux sont dans son palais toujours calmes et limpides ; nul aquilon n'en ose troubler la surface unie.

Aux heures chaudes du jour, alors que la déesse promène ses doux regards dans les airs et que, assise sur un rocher de granit, elle admire le char d'Appollon son père, seul, le docile zéphir se permet d'agiter de ses faibles ailes la blonde chevelure de cette reine aquatique.

Les figuiers sauvages, que l'on aperçoit tapis dans les rides du roc, marquent la hauteur de la crue haute de la rivière ; dans des crues extraordinaires les eaux s'élèvent au dessus des figuiers : dans les sécheresses excessives et presque tous les étés, le niveau de la source descend à 50 mètres et plus, au fond du bassin.

En 1836 on trouva gravée sur le marbre cette inscription: NICOLINO VICE-LÉGAT, 1600 : on y grava à côté le millésime de 1836.

On suppose que le niveau des eaux ne s'était jamais tant abaissé qu'à ces deux dates : on essaya alors avec un cable de mesurer la profondeur du bassin ; le cable descendit dix mètres, puis s'arrêta ; le bassin prenait là une direction très-oblique. Une étroite caverne, que l'on distinguait parfaitement d'en haut, donne passage aux eaux, et ne permettra sans doute jamais à des vivants d'aller inquiéter la déesse dans son sanctuaire. Le bassin a, dans la crue basse de la rivière, la forme d'un entonnoir ou d'une pyramide renversée : quoique la serpente colossale de cet antre sombre soit de pur granit, les eaux en ont, pendant des siècles, rongé et agrandi sensiblement la voûte.

Plusieurs hypothèse se sont établies au sujet de la patrie de cette rivière souterraine : les uns prétendent qu'elle est un affluent du lac de Genève ; les autres d'une rivière qui se perd dans le Tyrol ; il est certain que le plus grand nombre la fait prendre naissance dans les Alpes. Ce qu'il y a de sûr, c'est que sa marche, en-dessous des collines, suit le plateau du Mont-Ventoux, puisque à St-Christol et au Révez, deux communes à 4 ou 5 lieues au-dessus du canton de Sault, il existe des excavations d'une profondeur inconnue, lesquelles, en prêtant l'oreille, font entendre un bruit sourd comme d'une eau rapide battant la roche. Les pluies torrentielles entraînent dans ces abîmes une masse d'argile rouge qui vient donner aux eaux de Vaucluse cette même teinte, qui ne se conserve d'ailleurs qu'autant que l'éboulement dure.

En suivant ce plateau on s'aperçoit facilement que les différentes chaînes de montagnes qui y aboutissent se rattachent par de puissantes ramifications à la longue chaîne des Alpes, dont le majestueux Mont-Blanc domine les crêtes, et qui, sans nul doute, par ses éternelles assises de neige, est seul capable d'alimenter une des principales sources du globe.

Ce qui vient encore à l'appui de cette assertion, c'est que, tandis que la nature, réchauffée par le retour du printemps, laisse pénétrer, par les profondes fissures des Monts, l'énorme quantité de glaces qu'un soleil ardent transforme en eau limpide, l'on voit alors sortir du sein du rocher, et dans toute sa splendeur, ce fleuve impétueux, lançant en bouillonnant une immense nappe d'azur, qui se précipite et bondit de roche en roche, non sans avoir éparpillé dans es airs des myriades d'étincelles qui apparaissent à l'œil émerveillé comme autant de perles du cristal le plus pur. Aussi rien de plus ravissant qu'un tel panorama. C'est habituellement au mois d'avril et de mai ou en octobre et novembre que l'on admire les plus belles cascades.

III.

Un cimetière antique — Le vallon de la Fontaine — Beautés singulières — Jardin d'été de Pétrarque — La caverne du serpent.

Durant les grands froids et les fortes chaleurs, la Sorgue étant basse, au lieu où l'on admirait les cascades, l'on ne voit plus que d'énormes quartiers de rocs recouverts de mousse d'un vert grisâtre, lesquels, jonchant le sol, donnent à cette partie de la rivière l'aspect lugubre d'un cimetière antique avec ses pierres tumulaires : quelques cyprès épars çà et là sur les bords complètent ce lugubre tableau. Du côté nord, à gauche du sentier, pareil à une pyramide d'Egypte, un Titan pétrifié veille sur les tombes de ses frères d'armes foudroyés et couchés pêle-mêle dans cette enceinte funéraire.

Perché sur la pointe d'un rocher, le vigilant épervier fait entendre par intervalle un chant rauque et aigu ; et l'aigle, planant dans la nue, cherche parmi ces ossements granitiques quelques dépouilles plus modernes.

A quelle époque que le voyageur visite ce vallon, à la fois pittoresque et poétique, ou sombre et mélancolique suivant la saison, il ne peut s'empêcher de rêver et de penser un instant à l'infini qui seul est immuable, et dès lors, avant de quitter peut-être pour jamais cette merveille de la nature, il va silencieusement graver les quelques lettres qu'on lui donna jadis pour nom sur quelque roc non encore noirci par le pinceau de ses prédécesseurs.

Encore ce n'est qu'à regret que l'on redescend le sentier pour retourner au village, tellement la majesté du site nous en impose. De tous côtés, en descendant, la vue s'arrête sur quelques beautés singulières : ici, au centre d'énormes pierres, l'on voit bouillonner l'eau comme dans un chaudron ; en-dessus, semblables à une ruine sacrée, une colonne élancée et un portique antidiluvien, voient leur base enfouie dans des buissons protecteurs. Tout près au milieu de l'eau, surnageant comme un morceau de liège, une énorme table ronde en pur calcaire est depuis des siècles placée là, attendant les convives.

A la naissance des sources qui alimentent le canal des premières fabriques, se trouve le jardin d'été de Pétrarque, qui traversait la sorgue avec un léger bateau de pêche et venait, sous une verdure délicieuse, s'inspirer du doux charme d'un repos contemplatif, dont son âme aimante et poétique avait parfois tant de besoin.

Aujourd'hui le voyageur peut, à cette même place, se régaler dans un repas champêtre, pris sur des tables rustiques qu'ombragent de beaux arbres jeunes et vigoureux ; l'eau coule à ses pieds sur un lit de gazon, et le chant du rossignol l'entretient dans une rêverie harmonieuse.

Plus près du village sur le bord du chemin, on montre deux grottes dont l'une d'elles a toujours une température chaude et humide : elle servit longtemps de repaire à une couleuvre énorme qui dévorait hommes et bestiaux. Le savant et vertueux évêque de Cavaillon, Saint-Véran, parvint à la détruire et la population reconnaissante vint, en procession, traîner le monstre abattu sur la place publique et le brûla. L'autre grotte contient quelques stalactites curieuses, pièces rares mises là à la disposition des acquéreurs.

IV.

La colonne — Un canal romain — Le château seigneurial — La demeure de Pétrarque — Son jardin cultivé — A l'ombre des lauriers.

Nous voici retournés au village, cette colonne que l'on a déjà aperçue en descendant de voiture, avait été primitivement placée à l'entrée du bassin de la fontaine ; on reconnut bientôt qu'entourée de géants d'une taille prodigieuse, elle ressemblait à un Pygmée aux pieds d'Hercule ; on la descendit pièce à pièce, on la releva sur la place publique et l'on y grava en lettres d'or, ces mots : A PÉTRARQUE. C'est en effet en l'honneur du grand homme que l'Athénée du département la fit ériger en 1804, au moyen d'une souscription nationale. Depuis quelques années bien des étrangers se demandent ce que signifie ce monument, le nom de Pétrarque ayant disparu du frontispice.

Il serait temps d'aller dîner : un parfum savoureux arrive jusqu'à nous. Les truites rôties, la sauce d'anguilles, les coquilles d'écrevisses et l'omelette truffée sont tous mets vauclusiens, capables de stimuler les estomacs les plus délicats.

Après le café, le cicérone vous conduira au château seigneurial ; cependant avant de porter nos pas plus loin, nous nous arrêterons un instant à une vingtaine de mètres du pont qui traverse la rivière dans le village : Là s'offre à nos yeux une voûte sombre, taillée à la pointe du ciseau par les Romains, dans les flancs d'un roc aride qui donnait ainsi passage à une partie des eaux de la Sorgue, que les conquérants des Gaules destinaient à la ville d'Arles, alors très-considérable et la résidence d'un proconsul. Ce canal qui avait sa naissance en dessus du jardin d'été de Pétrarque et qui suivait le lit même du canal des premières fabriques, longeait, au sortir de la grotte, la principale rue du village qui occupait une position plus relevée vers les abords sud-ouest du château, comme le démontre les débris trouvés dans ces terrains aujourd'hui cultivés. De là on peut en suivre la trace sur presque tout le parcours du chemin qui conduit à Cavaillon, riche ville située à 10 kilom. sud-ouest de Vaucluse ; on a trouvé sous la Durance les vestiges de ce canal qui, comme nous l'avons dit, poursuivait sa marche souterraine jusqu'à Arles, qui s'était ainsi affranchie du tribut qu'elle était forcée de payer aux eaux bourbeuses et putrides du Rhône.

On monte au château par plusieurs rampes escarpées et rapides, lesquelles servent de rue aux diverses maisons du village adossées sur le penchant de ce côteau ; on n'y retrouve en ce moment-ci rien de son ancienne splendeur ; c'est à peine si l'on voit un reste d'architecture à la porte d'entrée qui est encore assez bien conservée, ainsi que les remparts à créneaux qui protégeaient le corps de logis dont il ne reste plus nulle trace à la surface du sol : peut-être sous ces débris amoncelés existe-t-il encore des vestiges de quelque importance.

Jadis sur ces ruines s'élevait le château seigneurial des évêques de Cavaillon, qui, du temps de Pétrarque, était habité par Philippe de Cabassole, seigneur suzerain de Vaucluse à cette époque. Le poète amant était reçu et traité en ami dans ce château. Le coup d'œil dont on jouit là haut vaut à lui seul la peine que l'on prend pour y monter : le vallon de la fontaine, avec ses mille bizarreries agrestes, ses innombrables fils de cristal, se dévidant sous une verdure éternelle, s'offre à vos yeux dans toute sa magnificence.

Le jardin cultivé et l'emplacement de l'ancienne demeure de Pétrarque sont au pied même du château du côté nord.

Un corps de ferme s'élève aujourd'hui à cette même place ; on y arrive par la voie romaine, tracée dans le roc, c'est-à-dire que, en quittant le pont qui est vers la place de la colonne, on suit une ligne directe, et l'on entre dans cette voûte sombre qui, comme nous l'avons dit, donnait passage aux eaux destinées à Arles. Le portail du jardin est même après la grotte, et l'honorable propriétaire qui le possède se fait un plaisir d'en permettre l'entrée.

Anciennement ce jardin était plus vaste et mieux planté qu'aujourd'hui : il occupait toute la surface des terrains où s'élèvent maintenant de nombreuses usines. Tout près de la demeure où jadis vécut Pétrarque, on retrouve encore de nombreux et superbes rejetons des antiques lauriers qu'il cultiva lui-même avec tant de soin. Un lierre séculaire d'une beauté merveilleuse s'élève, dans ce lieu vénéré, à une prodigieuse hauteur ; ses immenses nervures s'étendent vigoureusement sur les parois de la roche qu'il tapisse d'un vert gracieux. Il montre ainsi à la postérité le séjour immortel où résidèrent les muses et l'amour, le talent et la beauté, réunis sous le tendre feuillage d'un laurier odorant.

Semblable au paradis terrestre ce petit coin de terre, contenait tout ce que la nature offre de bon, et de beau, d'agréable et d'utile : les grâces de Pomone s'étalaient là à côté des merveilles de Flore ; ici la modeste violette rampait au pied du chêne au front superbe, tandis que la vigne aux grappes d'or s'élevait majestueuse au-dessus du clair feuillage de l'ormeau.

Sur les bords de la rivière on voyait croître la charmille et le noisetier qui, entrelaçant leurs rameaux flexibles, formaient une ondoyante verdure qui servait de haie à ce jardin de délice.

C'est dans ce lieu si charmant que Pétrarque, assis près de sa Laure adorée, composa cette divine poésie en l'honneur de cette beauté célèbre. Le murmure de l'onde pure qui serpentait à leurs pieds, parmi les gazons et les fleurs; le doux chant des oiseaux réunis dans ce bocage, le gazouillement des insectes cachés sous l'herbe, et le bruissement mélancolique des feuilles qu'un doux zéphir agitait mollement, ont été seuls les témoins muets des chastes caresses que les deux amants se prodiguèrent loin du monde fastueux qu'ils méprisaient.

Et leur amour, allant grandissant comme leur renommée, brisa la faible enveloppe de cette ange céleste qui n'était descendue ici bas que pour créer un grand homme, et, qui, sous le nom de Laure, inspira par ses charmes et sa vertu le génie supérieur de Pétrarque.

V,

Pétrarque — Sa naissance — Progrès dans ses études — Il trouve des protecteurs et des amis puissants à la cour pontificale — Sa retraite à Vaucluse où il rencontre Laure — Quinze ans d'un amour partagé — La Laure vauclusienne — Pétrarque se retire en Italie — Fin de sa carrière — Son génie honoré.

Il est temps de dire un mot sur Pétrarque et sur son amante Laure : si tous les historiens sont d'accord sur la naissance de Pétrarque et sur l'époque de sa mort, il n'en est pas de même de Laure dont l'existence est encore nébuleuse. Cependant, en suivant le poète dans ses chants d'amour, on verra, comme nous, que c'est à Vaucluse qu'il l'a connue ; qu'il l'a aimée et qu'ils ont vécu l'un près de l'autre : alors il sera avéré que ce n'est point Madame Laure de Sade, mère de six ou sept enfants, qui a été l'amante du poète ; mais bien une noble jeune fille habitant avec sa famille les bords de la Sorgue à Vaucluse.

Pétrarque, fils d'un notaire du même nom et d'Elette

Canigiani, est né à Arezzo, en Italie, le 20 juillet 1304. Il étudia pendant son extrême jeunesse à Pise; et de là étant venu résider avec sa famille à Avignon, alors siège de la Cour Papale, il eut le bonheur de retrouver aux environs de cette ville, à Carpentras, ses anciens professeurs de Pise, que les guerres civiles de leur patrie avaient fait se réfugier en France.

Pétrarque, après avoir progressé dans les diverses sciences, fut initié à la poésie. Désirant se fortifier dans l'étude du droit, il retourna dans sa patrie à Bologne, où se trouvaient alors des professeurs célèbres; il visita ensuite les principales villes d'Italie, et de retour à Bologne, il apprit la mort de sa mère, décédée à Carpentras jeune encore. Il célébra en beaux vers latins la douleur que lui causa ce triste événement.

Son père, affligé d'une telle perte, ne survécut à son épouse que d'une année. Dès lors, seul avec un frère qu'il avait avec lui, ils quittèrent leur patrie, se rendirent à Avignon et embrassèrent l'état ecclésiastique : son frère se retira dans un monastère, et lui se remit à l'étude de la poésie qu'il cultivait avec zèle et succès.

Après s'être acquis par son talent l'estime des savants et des principaux prélats de la Cour avignonnaise, il se retira à Vaucluse, près de cette fontaine mystérieuse, dans ce site si charmant, et c'est de là qu'il faisait paraître ses œuvres poétiques et philosophiques.

La solitude profonde et la sublime majesté du lieu avaient attiré Pétrarque à Vaucluse; l'amour et ses souvenirs le retinrent là pendant près de vingt ans.

C'est dans une promenade dans les bois aux bords de la Sorgue qu'il rencontra pour la première fois la beauté qui captiva son cœur, comme nous l'apprend son 27me sonnet, traduit de l'Italien, ainsi que les suivants, mis en vers par M. Paccard :

Sonnet 27.

Sur les bords étrangers, à la fleur de mon âge,
Par mon malheur je vis un jour
Une beauté dont le visage
Portait l'enseigne de l'amour.
J'y fus pris ; eh ! comment ne pas s'y laisser prendre !
Je la suivais partout, lorsqu'une forte voix
De loin ces mots me fit entendre :

« Vous perdez vos pas dans ce bois. »

Surpris, j'allai m'asseoir au pied d'un hêtre, etc.

Pétrarque pouvait alors avoir environ trente ans. Dès ce jour il ne quitta Vaucluse que rarement. Tout absorbé par son amour naissant, écoutez-le dans son 3me sonnet :

Sonnet 3.

O jour ! où s'alluma le feu qui me dévore,
Non, l'éclat du soleil, annoncé par l'aurore,
Les nuances de l'arc qu'il trace dans le ciel,
N'égalaient pas cet éclat naturel,
Le coloris charmant du visage de Laure, etc.

Il essaya cependant, dans divers voyages qu'il fit, soit en Allemagne soit en Italie, de se délivrer de son aimable chaîne ; mais il n'y réussit jamais. Voici comment il s'exprime pendant son absence :

Sonnet 45.

A mes regards sans cesse ils sont présents,
Ces beaux lieux, ces côteaux charmants,
Où j'ai laissé la moitié de moi-même.
Je ne puis les quitter : chaque pas que je fais
Pour m'éloigner de la beauté que j'aime,
Me rapproche de ses attraits, etc.

Ce fut donc dans cette solitude que Pétrarque connut Laure, qu'il lui exprima en beaux vers sa touchante passion ; c'était à l'ombre des lauriers que leur entretien avait quelquefois lieu. Un jour que, assis sous un de ces arbres, attendant, dans une anxiété profonde, celle qui possédait son cœur, il composa son 5me et 6me sonnet :

Sonnet 5.

Rappele-toi, Phébus, la nymphe à tresse blonde
Qui te fuyait dans ce vallon charmant
Que le Pénée arrose de son onde.
Le feu dont tu brûlais est-il encore ardent?.

. . . .
Quel charme! alors que nous verrons
La nymphe que nous adorons,
Sous ce bel arbre, assise à l'ombre, etc.

Sonnet 6.

Bel arbre que mes mains ont fait croître en ces lieux,
Ruisseau qui par votre murmure
Accompagnez mes soupirs amoureux,
Vous seuls, dans toute la nature,
Tempérez l'ardeur de mes feux.
Croissez, charmant laurier, croissez sur ce rivage :
Elevez jusqu'aux cieux vos rameaux toujours verts ;
Au bord de ce ruisseau, sous votre doux ombrage,
Je chanterai toujours la beauté que je sers.

Dans son 37me sonnet, le poète écrivant à son ami Sennucio Delbène, qui demeurait à Avignon, lui parle ainsi :

Sonnet 37.

Je veux t'apprendre, cher Delbène,
Quelle vie en ces lieux je mène.
Du même feu mon cœur est dévoré;
Mon ardeur est toujours extrême.
Laure me gouverne à son gré
Et me traite toujours de même.
Comme autrefois, je la vois tour-à-tour
Fière, modeste, douce, amère,
Quelquefois gaie et plus souvent austère,
Farouche, et sensible à l'amour.
. . . .

Nul pays ne lui était agréable comme le séjour de Vaucluse ; voici, de retour d'un voyage qu'il avait entrepris, comment sa joie se manifesta en apercevant ce vallon désiré :

Sonnet 43.

Cet air si doux que je respire,
Les fleurs qui naissent dans ce bois,
Ce que je sens, ce que je vois,
De la beauté pour qui sans cesse je soupire

Tout m'annonce l'heureux séjour.
Je la verrai bientôt, mon bonheur est extrême.
Pour elle j'abandonne un beau pays que j'aime,
Des climats fortunés où j'ai reçu le jour.
Un nuage offusquait mon ame :
Je vole à l'astre qui m'enflamme ;
Il le dissipera par ses rayons divins.
L'amour me traine aux pieds de cette belle :
Qu'il est doux de vivre avec elle !
Pour la fuir, je le vois, tous mes efforts sont vains.

Veut-on quelque chose de plus précis que ce qu'il nous dit dans son 129me sonnet :

O suave contrée ! ô rivière limpide qui rafraichit le beau visage et les yeux célestes de ma Laure !

Donc, plus de doute, Laure naquit à Vaucluse, dans le vallon, sur les rives du fleuve. Soit qu'elle descende de la famille des Adhémar, ou des Ancezune, ou de tout autre caste nobiliaire, il devient certain et positif que c'est à un kil. du village, sur la rive sud de la Sorgue, à Galas, petit bourg situé près d'une ancienne abbaye dédiée à St-Nicolas, que Laure vit le jour, et qu'elle a été élevée. Tenez, écoutons le poète dans sa 10me églogue :

« C'est aux pieds des rochers, à l'ombre de chênes vigoureux, au centre d'une prairie émaillée de fleurs, sur les rives du fleuve, que s'est développée ma Laure gracieuse ! »

Et dans son 79me sonnet quand il parle :

« De cette fenêtre, d'où la jeune fille apercevait le vallon qui amenait la fraîche brise de l'aurore, et ce rocher où à l'heure du crépuscule elle venait s'asseoir, rêvant à son amour, et d'où ses yeux aimaient à rencontrer l'image chérie de son amant qui ne manquait point de venir errer aux abords de cette plage fortunée. »

Tous ces détails que nous donne Pétrarque lui-même ne se trouvent-ils pas encore aujourd'hui même réunis à Galas, où se trouvait un petit pont rustique qui communiquait avec ce rocher (plate-forme) que l'on voit sur la rive nord de la rivière, en face et à quelques mètres seulement du petit bourg.

De ce plateau la vue se prolonge au loin dans la plaine et la Sorgue vous apparait dans ses mille replis comme un nuage argenté. Ce pont servait aussi de passage pour les transactions de deux villages, Lagnes et Saumanes placés sur les deux collines opposées.

Pétrarque ne nous dit-il pas aussi dans son 8me sonnet :

> C'est au pied des collines que cette ange céleste
> Revêtit jadis les formes d'une beauté terrestre.

Et dans son 4me:

> C'est dans un petit bourg riche des dons de la nature,
> Que prit naissance cette belle créature.

Et plus loin :

> J'ai toujours aimé, j'aime encore,
> Et je ne cesserai d'aimer ce lieu charmant,
> Où me ramène si souvent
> Le plaisir que j'ai de voir Laure.

Or donc, qui peut contester les détails si précis du poète ? nul, je l'espère, ne l'entreprendra plus dorénavant ; car ce serait absurde de vouloir trouver ailleurs ce que l'on ne rencontre qu'à Vaucluse.

Amants fortunés ! voyageurs sensibles ! descendez vers ces rives parfumées, reposez-vous un instant sous le feuillage balsamique d'un peuplier touffu ; bientôt l'esprit tutélaire de la contrée vous apprendra : « Qu'autrefois un divin sourire de l'Eternel fit éclore en ce lieu ; « une perle merveilleuse et pure comme l'azur du firmament. » Et dès lors vous direz avec Pétrarque :

> Quand je la vis, sa blonde chevelure,
> Comme l'or agité, flottait au gré du vent ;
> Ses yeux brillants répandaient sans mesure
> Ce feu si pur qu'ils cachent à présent.
> Dans son air et dans sa figure
> Rien ne me paraissait humain,
> Tout dans sa voix, sa taille, son allure,
> Était angélique et divin.

Dieu ne permit pas que cette fleur virginale se fanât sur ce globe d'ici-bas, un ange au front serein, aux ailes éclatantes vint la cueillir dans le printemps de l'année 1348, et c'est dans les plaines infinies des sphères célestes que l'ange la déposa, au milieu d'autres fleurs, d'un parfum exquis et d'une incomparable beauté, moissonnées comme elle au printemps de leur vie.

Pétrarque était en ambassade en Italie, lorsqu'il apprit la fin soudaine de son amante.

Cette jeune fille n'avait pu contenir dans son cœur un amour si vaste et si passionné. La puissance de l'idéal anéantit chez elle les faibles charmes de la vie matérielle: ce bel édifice s'écroula; la terre en conserve les fragments, et le ciel reçut dans son sein son empreinte immortelle.

Elle était à peine âgée de 32 ans quand elle quitta ce monde; elle avait dix-sept ans quand elle connut et l'amour et Pétrarque; ce furent donc quinze années d'un amour chaste et pur, d'un amour immense et profond qui couchèrent dans la tombe ce corps si beau et si aimable.

« Cette ame si gentille, déjà appelée, vient de s'envoler dans les régions de l'autre vie »

Nous dit le poète dans son 24me sonnet.

Rien de plus touchant, rien de plus navré que la douleur sincère qu'éprouva Pétrarque à la mort de Laure; il exprima en vers sublimes ses plaintes désolées, et Laure morte fut encore mieux chantée que Laure vivante.

Ayant abandonné de nouveau l'Italie, Pétrarque revint à Vaucluse et se remit à l'étude, tout rempli des souvenirs *de celle qu'il entrevoyait partout et ne retrouvait plus nulle part.*

Il visita souvent les lieux témoins de leur sincère amour et passait des heures entières à l'ombre de ce beau laurier, dans l'écorce duquel ils avaient uni et entrelacé les initiales de leur nom chéri.

Il parcourait les âpres sentiers des monts, ou s'enfouissait dans les noirs tallis des vallons silencieux et déserts, cachant ainsi aux yeux de ses amis mêmes les marques de l'abattement cruel que lui avait causé la perte de sa bien-aimée.

Après avoir passé à Vaucluse quatre ou cinq années encore, depuis la mort de Laure, d'une existence douloureuse et mélancolique, l'amant, devenant philosophe, quitta pour toujours ce vallon désormais trop solitaire, et fut se fixer en Italie sa chère patrie, où il mourut en 1374, dans les environs de Padoue, à Argua. Un mausolée qui contient ses dépouilles mortelles est élevé devant l'église : on y lit ce distique attribué à lui-même : « *J'ai trouvé le repos : adieu illusions et fortune; vous n'êtes plus rien pour moi; que d'autres vous servent de jouet* ».

Plusieurs autres monuments, notamment à Florence et à Vaucluse, attestent la grandeur du génie de l'homme étonnant qui contribua puissamment à la renaissance de la philosophie et des lettres au XIVe siècle, et qui avait eu l'insigne honneur d'être couronné lauréat au Capitole à Rome en 1341.

L'Université naissante de Paris lui avait aussi offert la couronne, mais il lui préféra celle du sénat romain.

Parmi ses ouvrages poétiques, il en est un historique : L'AFRICA, dans lequel, il célèbre les exploits du grand SCIPION : c'est un poème du plus grand mérite. Il composa aussi plusieurs ouvrages de philosophie et de morale, dans lesquels il tonnait sévèrement contre les abus des mœurs de son siècle; malheureusement la plupart de ses ouvrages ont disparu, engloutis par les guerres intestines de son pays. Mais Pétrarque n'en restera pas moins une des figures les plus remarquables du moyen-âge.

VI.

Le Village de Vaucluse à l'époque actuelle — Son industrie, ses produits — Par une belle nuit d'été.

Il nous reste maintenant à faire connaître au voyageur quelques particularités sur Vaucluse.

Ce modeste village a une population de six cents habitants ; son industrie est considérable sur la fabrication du papier, de la soie, des farines, des draps et de la trituration des poudres aromatiques et tinctoriales.

Son église, bâtie sur l'emplacement d'un temple payen, renferme le tombeau de Saint-Véran ; ses montagnes autrefois très-boisées, sont en partie, nues et arides ; seuls, quelques arbustes odorants en garnissent la surface. Les côteaux, remplis de vignes et d'oliviers, donnent des produits très-estimés ; La rivière fournit des truites, des anguilles, des hombres, des écrevisses et autres menus poissons d'une délicatesse extrême.

Le cresson abonde dans ses eaux ; la loutre à riche fourrure habite sur ses bords et loge dans les creux des vieux saules riverains.

C'est la nuit, par un splendide clair de lune, qu'on la voit errer sur la surface des eaux, jetant, dans les mille bruits harmonieux de l'espace, son sifflement monotone et perçant. On peut la chasser au fusil, dès qu'elle aborde vers les rives, où elle vient souvent pour dévorer sa proie qu'elle retire des ondes.

Depuis bon nombre d'année, son offre aux voyageurs, qui visitent Vaucluse, de petits paquets d'une fleur blanche, ou diversement nuancée, qui étale au soleil la forme d'un brillant panache : ce n'est autre chose qu'une modeste graminée qui s'épanouit sur les collines voisines du village. J'engage vivement le voyageur à en emporter quelques échantillons, ne fût-ce qu'à titre de souvenir : cette fleur se conserve d'ailleurs indéfiniment et, par sa forme gracieuse et brillante, elle est digne de l'ornement d'un salon.

—

C'est par une belle soirée d'été, qu'un esprit rêveur et contemplatif doit venir visiter ce vallon enchanteur ; il peut alors, tandis que la moitié de la création repose dans les spiritueuses essences de l'esprit éternel, être témoin de l'infatigable activité que déploient à leur tour, les innombrables êtres nocturnes qui habitent ces bords frais et paisibles, et qui, avant que l'astre éclatant reparaisse, doivent chercher, dans les ombres ténébreuses de la nuit, une nourriture suffisante à leur procurer le repos pendant le jour qui va luire.

Leurs accents mélodieux, ou leurs soupirs plaintifs, s'élèvent tristes ou joyeux du sein de la vallée ; ils vont, sur les ailes vaporeuses de l'océan éthéré, porter aux pieds du créateur, la reconnaissance dans l'amour, ou l'espérance dans la douleur.

Mille formes fantastiques dessinent leur silhouette sur le profil de l'eau qui reflète comme un immense miroir les ombres étranges que la pâle clarté de la lune répand çà et là sur cette surface d'azur.

C'est un spectacle, grand et sublime, pour l'âme qui en-'revoit au-dessus de cette région de ténèbres humides qui

— 24 —

l'enveloppent, une atmosphère étincelante de lumière et d'avenir.

Là génie de Pétrarque et l'âme rayonnante d'amour de Laure viennent sans doute, dans ces nuits radieuses, embellir par leur présence ces lieux sacrés, mystérieux témoins de leur immortel amour; et l'esprit du voyageur, plongeant dans les douceurs de l'infini, semble partager dans un tendre souvenir, l'ineffable bonheur des deux spirituels amants désormais invisibles sur ce coin de l'univers créé !...

Avignon, imprimerie H. OFFRAY FILS, place St-Didier, 11.

www.ingramcontent.com/pod-product-compliance
Lightning Source LLC
Chambersburg PA
CBHW070534050426
42451CB00013B/3002